처음에는 낄낄거리고 웃으면서 읽었다. 두 번째 읽을 땐 현실 싱크로율 100% 완벽 실화 스토리에 감탄했다. 세 번째로 읽을 때는 뭔가 처연한 감정이 밀려왔다. 우리는 같은 고민과 같은 고생과 같은 도전을 하고 있었다. 그런데 그 와중에 이처럼 따뜻하고 매끈한 작품을 내놓다니 대단하다. 조 변호사의 다음 작업이 벌써부터 기다려진다.

_**손수호** 법무법인 지혁 대표 변호사,《사람이 싫다》저자

변호사의 다양한 모습을 툰이라는 형식에 잘 녹여내 독자들이 보기 쉽게 표현했다. 툰을 보면서 작가의 생각과 고민, 업무 처리 중 마주치는 감정에 상당히 많은 부분을 공감하고 이해할 수 있었다. '변호사'라는 직업의 현실적이고 다양한 모습이 궁금한 분들이나, 이 사회에서 변호사가 왜 필요한지에 대해 의문이 있는 분들이라면 꼭 읽어봐야 하는 책이다.

_**윤영선** 경기중앙지방변호사회 회장, 법무법인 광교 대표 변호사

친숙하지 않은 법률 용어를 쉽게 이해할 수 있다.

_**이길원** 성균관대학교 법학전문대학원 교수

만화로 보는
변호사의 세계

디지털 스티커 무료 다운로드.
태블릿 등에서 사용할 수 있는 귀여운 디지털 스티커입니다.

만화로 보는 변호사의 세계

초판 1쇄 발행 2023년 12월 15일

글 조만호 / **그림** 다소니

펴낸이 조기흠
책임편집 김혜성 / **기획편집** 이수동, 최진, 박소현
마케팅 정재훈, 박태규, 김선영, 홍태형, 임은희, 김예인 / **제작** 박성우, 김정우
교정교열 송인아 / **디자인** 채홍디자인

펴낸곳 한빛비즈(주) / **주소** 서울시 서대문구 연희로2길 62 4층
전화 02 – 325 – 5506 / **팩스** 02 – 326 – 1566
등록 2008년 1월 14일 제 25100 – 2017 – 000062호

ISBN 979-11-5784-718-1 03360

이 책에 대한 의견이나 오탈자 및 잘못된 내용에 대한 수정 정보는 한빛비즈의 홈페이지나
이메일(hanbitbiz@hanbit.co.kr)로 알려주십시오. 잘못된 책은 구입하신 서점에서 교환해드립니다.

책값은 뒤표지에 표시되어 있습니다.

⌂ hanbitbiz.com   facebook.com/hanbitbiz   post.naver.com/hanbit_biz
youtube.com/한빛비즈   instagram.com/hanbitbiz

Published by Hanbit Biz, Inc. Printed in Korea
Copyright © 2023 조만호, 다소니 & Hanbit Biz, Inc.
이 책의 저작권은 조만호, 다소니와 한빛비즈(주)에 있습니다.
저작권법에 의해 보호를 받는 저작물이므로 무단 복제 및 무단 전재를 금합니다.

지금 하지 않으면 할 수 없는 일이 있습니다.
책으로 펴내고 싶은 아이디어나 원고를 메일(hanbitbiz@hanbit.co.kr)로 보내주세요.
한빛비즈는 여러분의 소중한 경험과 지식을 기다리고 있습니다.

만화로 보는
변호사의 세계

글 조만호 그림 다소니

한빛비즈

차례

프롤로그 피고미 탄생 설화 ◆ 6

1장 변호사라는 직업

1	꿈 ◆ 14
2	변호사의 하루 ◆ 19
3	짐작과 현실 ◆ 24
4	로스쿨 생활 : 입학 ◆ 29
5	로스쿨 생활 : 학업 ◆ 34
6	로스쿨 생활 : 졸업 ◆ 40
7	변호사 시험 ◆ 46
8	구직 ◆ 51
9	변호사의 자질 ◆ 58
10	의외로 필요한 자질 ◆ 73
11	진로 ◆ 88
12	개업 ◆ 97
13	채용 ◆ 103
14	개인 방 ◆ 108
15	변호인들 ◆ 113
16	무기 선택 ◆ 119
17	변호사의 현타 ◆ 124
18	애로 사항 ◆ 134
19	수임료 ◆ 139
20	좋은 변호사 ◆ 144

2장 찐 변호사의 삶

21	인식의 차이 • 152
22	인연 • 157
23	알아두면 좋을 민사 용어 • 162
24	알아두면 좋을 형사 용어 • 167
25	알아두면 좋을 가사 용어 feat.상속 • 172
26	같은 편 • 177
27	기록 이야기 • 182
28	직업병 ① • 187
29	형사 재판 • 192
30	민사 소송 • 197
31	명예 훼손 • 202
32	정당방위 • 207
33	직업병 ② • 212
34	변호사의 사임 • 217
35	노여운 판결 • 222
36	전과 • 227
37	변호사들의 대화 • 232
38	사건 번호 • 237
39	불출석 • 242
40	변호사의 큰 행복 • 247

부록 Q&A • 262
에필로그 • 266

프롤로그
피고미 탄생 설화

평화롭던 어느 날

한 가지 제안을 하는데…

1장
변호사라는 직업

1 꿈

쪼꼬미 피고미는 일기를 참 잘 썼다.

2 변호사의 하루

그렇게 꿈을 이룬 피고미. 변호사의 하루는 어떨까?

개업 변호사는 대체로 더 늦게 출근하는 것 같다.

재판 있는 날은 재판 준비

3 짐작과 현실

4  로스쿨 생활 : 입학

로스쿨에 입학하려는 사람이 매년 늘어나고 있다.

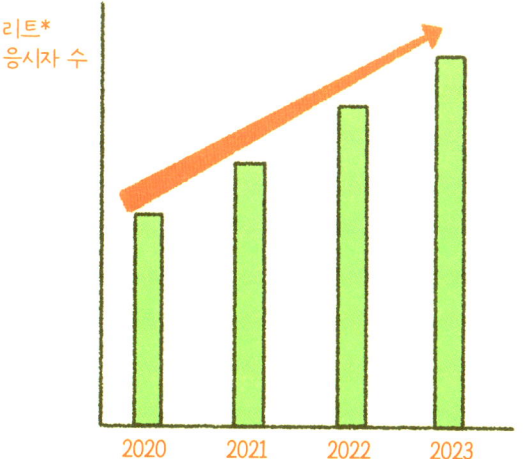

***리트(LEET)** 법학 적성 시험.

로스쿨에 입학하려면 무엇을 준비해야 할까?

일단 공부를 열심히… (진짜 진짜 진짜…)

개인적인 생각에 대학교 학과보다는
'대체로' 간판이 좀 더 중요한 것 같다.

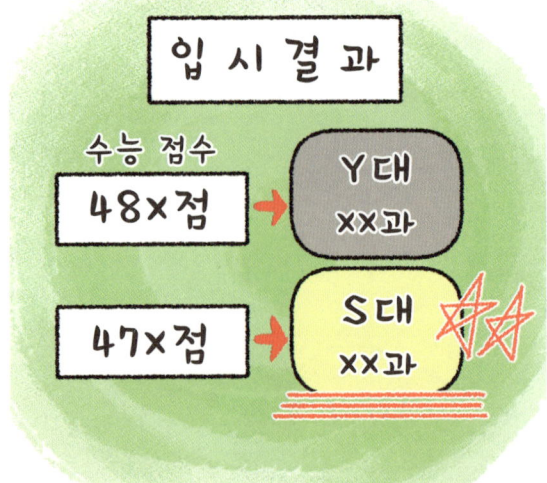

영어는 잘하면 잘할수록 좋다.

다른 자격증이 있으면 매우 좋다.

리트 성적도 중요하다.

면접 역시 매우 중요!

입시 전략도 중요한데

매년 달라질 수 있기 때문이다.

5 로스쿨 생활 : 학업

피고미의 경우에는 결국 따라잡지는 못했다...^^

시작부터 상당한 차이!

로스쿨은 1학년 초부터 학점 경쟁이 상당하다.

1학년 학점은 검사, 판사가 되기 위해서 상당히 중요하긴 하다.

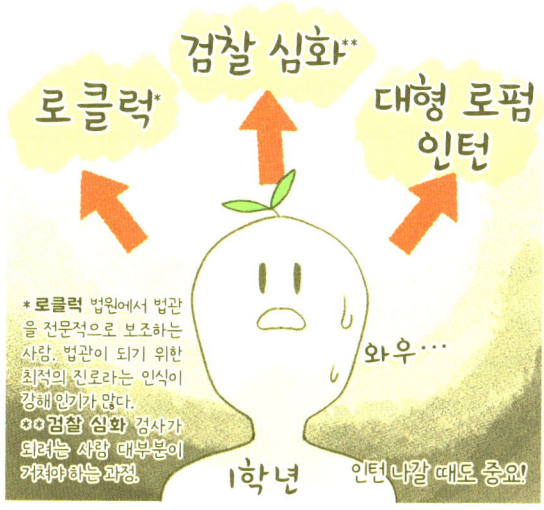

다양한 이유로 학점을 버리는 사람도 있다.

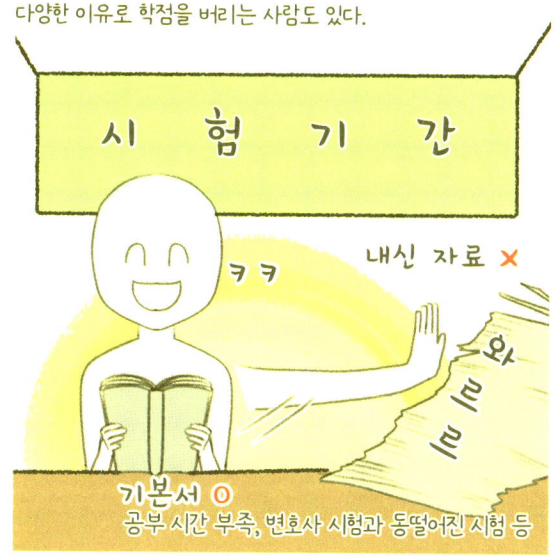

피고미가 정확히 이 케이스다!

보통 상당한 수의 스터디가 생긴다.

물론, 그중 상당한 수의 스터디는 사라진다.

그래도 다행히 마음 맞는 사람과 오래 잘 지내는 경우도 많다.

6 로스쿨 생활 : 졸업

로스쿨은 순순히 졸업시켜줄까?

우선 정해진 학점을 이수해야 한다.

로스쿨 3학년은 전국 단위 모의고사를 세 번 본다.

일명 6모, 8모, 10모!

각 모의고사는 변호사 시험과 동일한 시간 동안 진행된다.

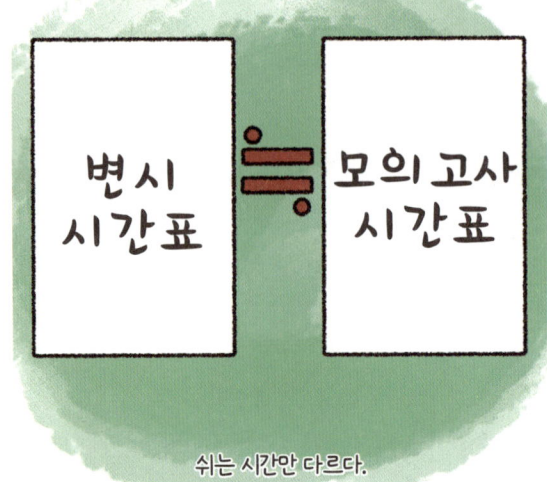

쉬는 시간만 다르다.

아무래도 모의고사기에 전 과목, 전 유형의 시험을 본다.

특히 6모 때는 대체로 준비 안 된 과목이나 유형이 있다.

그래서 포기자나 중도 포기자가 많다.

피고미는 아는 것이 별로 없었으나 시험은 꾸역꾸역 봤다.

이렇게 이뤄지는 모의고사 점수가 졸업의 요건!

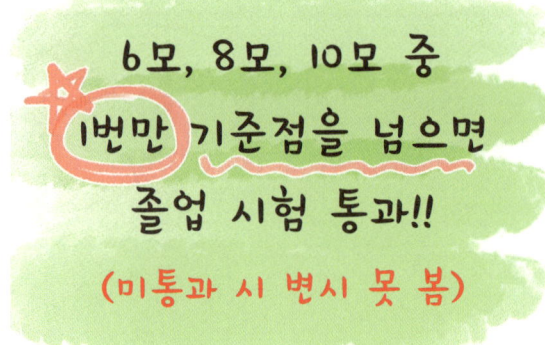

학교 자체 시험을 통과해야 하는 곳도 있다.

7 변호사 시험

매년 4월, 변호사 시험 합격자 발표가 있다.

명단 공개는 조금 잔인하긴 하다.

변호사 시험은 나흘간 본다.

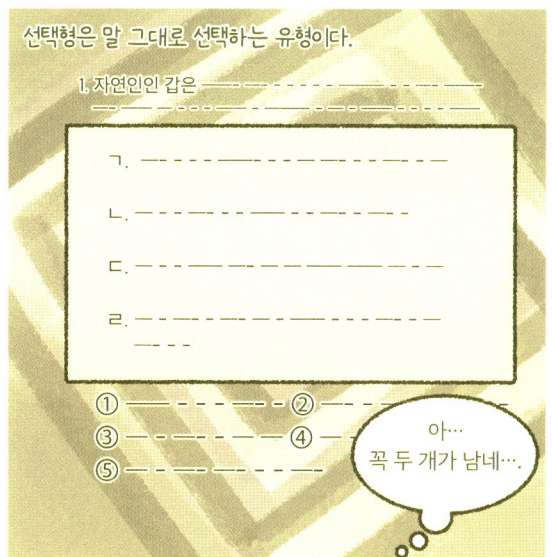

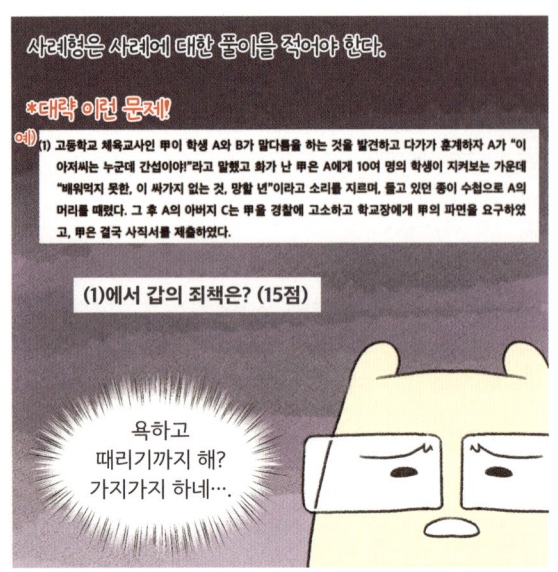

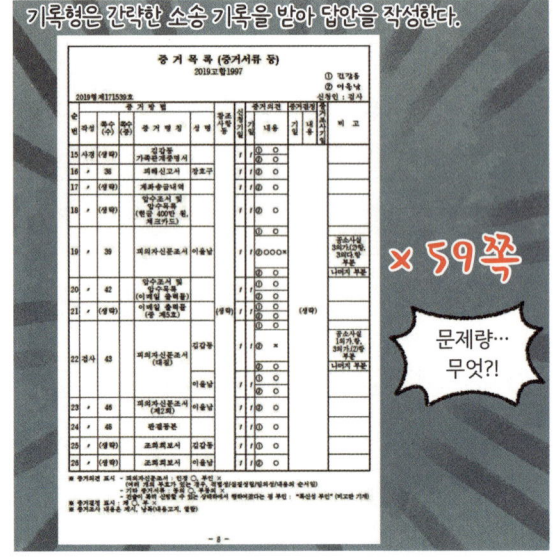

내가 경험한 변호사 시험은 상상 그 이상이었다…!

하루에 최소 '5시간 이상' 시험! ×4일!!

안 돼요.

시험 중에 화장실 가도 되나요?

감독관

내가 시험 볼 때는 화장실도 못 가게 해서 기저귀를 차고 보기도 했다. 다행히 지금은 갈 수 있는 듯!

휴식일은 꼭 필요하다.

흐…어어…

8 구직

변호사는 일자리를 어떻게 구할까?

우선 공식적인 루트인 구직 사이트!

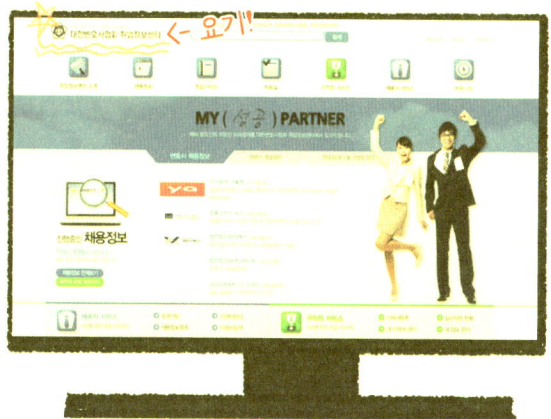

채용자가 공고를 올리면

법무 법인 ○○

모집 인사말
·
·
·

급여: ○○○만원 이상
·
·
·

경력: 무관
·
·
·

상세:

구직자가 공고를 보고 지원하는 시스템이다.

피고미도 상당히 많은 이력서를 넣었다.

구직자는 다양하게 정보를 수집한다.

로×너스
(로스쿨생만 이용할 수 있는 사이트)

| 검색 | 법무 법인 ○○ |

동지들 도움!!

간혹 다양한 이유로 일명 '블랙' 사무실이 보이기도 한다.

제목: 법률 사무소 ○○○ 어때요?

여기 진짜 진짜 어때요?
→ 할많하않…
→ 야근 안 하면 눈치 줌.
→ 밥 같이 안 먹으면 식대 지원 없음.
→ 회식 강요함!

와우… 완전 별로네?!

대체로 많은 곳에 원서를 넣고, 그중 연락이 오는 곳과 면접을 본다.

법무 법인 □□입니다. 이번 주에 면접 가능하신가요?

네, 가능합니다!

내가 여기도 넣었나??;;

합격하면 근무 시작!

합격!!

가즈아~! 출근!!

물론 소개로 들어가는 경우도 매우 많다.

피고미는 수습 때 소개를 받아 수습 변호사 업무 시작!

그 뒤에 꽤 오랜 기간 근무한 곳도 어쩌면?

형님~ 저희 사무실에서 사람 뽑는데 지원 한번 해보세요!

선배이자 동생

오호, 마침 옮기려던 참인데 이력서 넣어볼게!

물론 이력서 넣고 면접도 봤다.

9 변호사의 자질

첫 번째 자질. 꼼꼼함

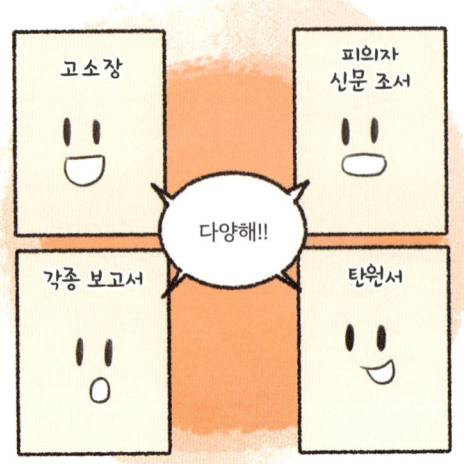

형사 사건 기록에는 다양한 문서들이 존재한다.

물론 인사 소송에서도 꼼꼼함은 중요하다.

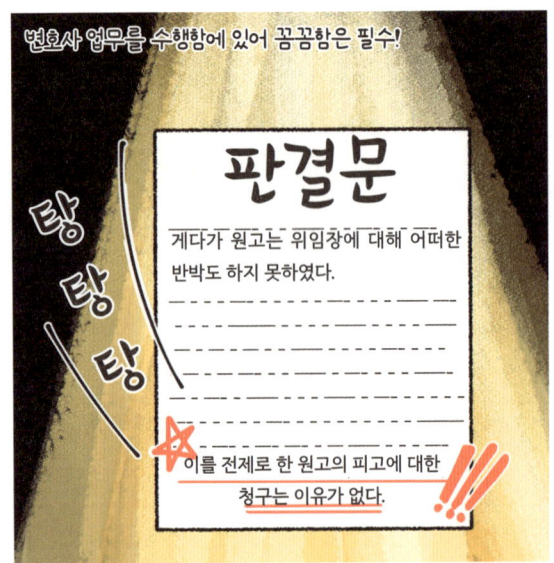

두 번째 자질. 글쓰기 능력

변호사의 기본적인 이미지는 이렇다.

물론 말을 잘하는 것도 필요하다.

하지만 변호사에게는 말보다 글이 더 중요하다.

글이 정말 중요한 이유는 읽는 사람이 바쁘다는 것!

또, 글을 못 쓰면 다양한 곳에서 문제가 생긴다.

그래서 오늘도 글쟁이가 되어갑니다.

세 번째 자질. 책임감

생각보다 사건에 제대로 임하지 않는 변호사가 있는 모양이다.

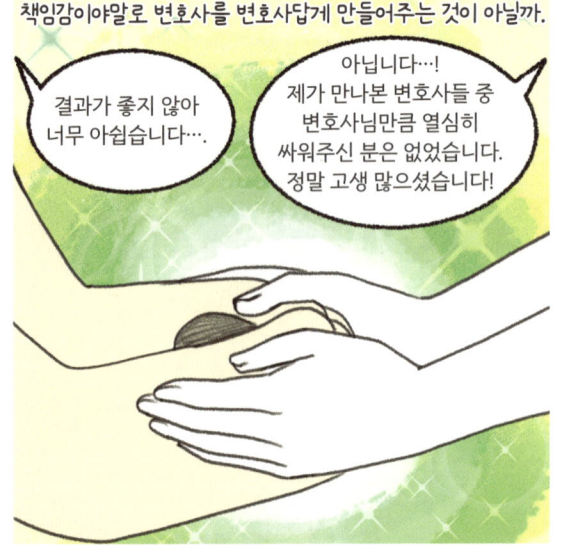

10 의외로 필요한 자질

첫 번째 자질. 인간관계

로스쿨 다닐 땐 이런 생각을 했었다.

그러나 이런 생각은 오산이었다!

어쏘 때 업무를 할 때도 2

개업을 하면 인간관계는 또 다른 의미를 가진다.

이처럼 사건은 인간관계에서 들어오는 경우가 상당히 많다.

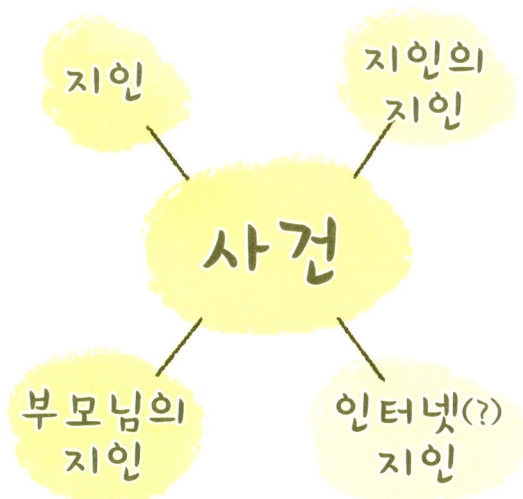

두 번째 자질. 말하기

현실은 대체로 이렇다.

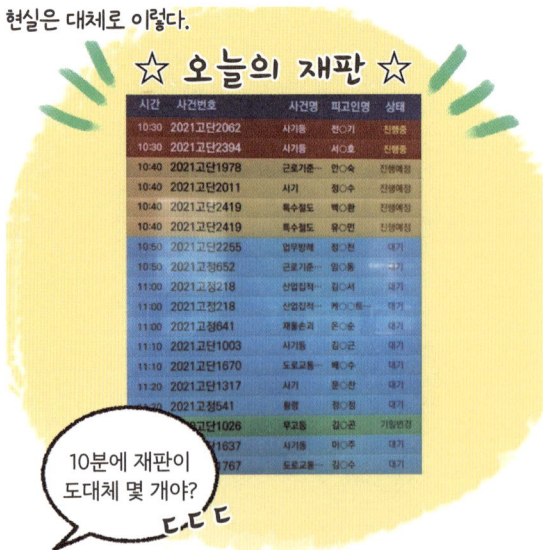

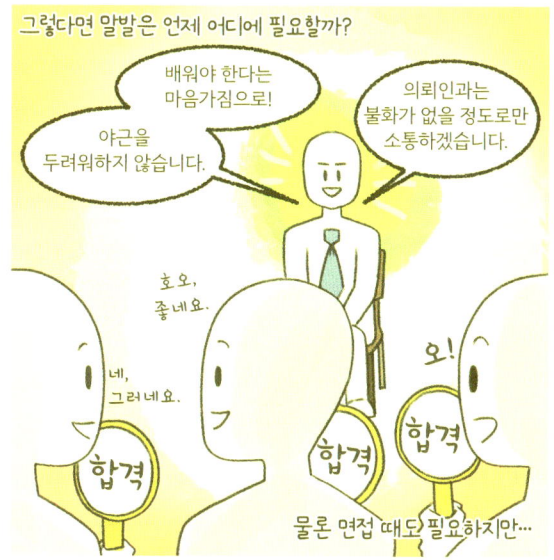

가장 중요한 것은 의뢰인과의 관계에서다.

컴플레인을 받을 때도 중요하지만

상담을 할 때에도 중요하다.

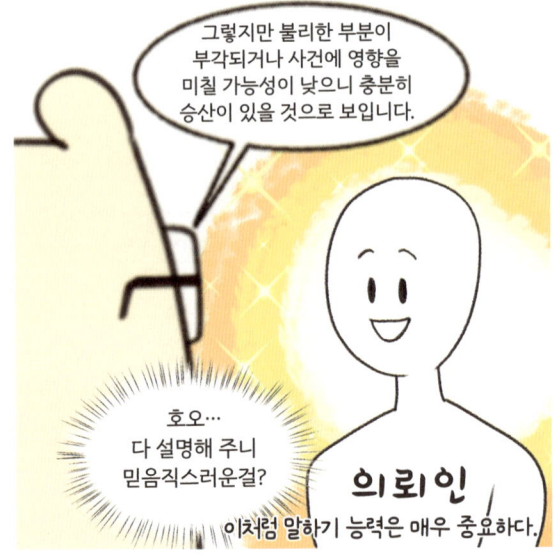

세 번째 자질. 공감

변호사에게 공감 능력이 필요할까?

변호사는 보통 냉철하고 타협 없는 이미지로 자주 묘사된다.

드라마 〈왜 오수재인가〉의 오수재

타협은 없습니다.

저놈은 바늘로 찔러도 피 한 방울 안 나올 거야…

예상과 달리 공감 능력은 이곳저곳에서 필요했다.

사건을 이해할 때에도

'공감'은 변호사에게 의외로 꼭 필요한 능력이다.

11 진로

변호사의 진로에는 무엇이 있을까?

첫 번째로 송무, 소송에 관한 업무다.

***사실 조회** 사건과 관련한 특정 사실에 대한 조회를 법원에 신청하는 것.

재판을 위해 상당히 다양한 지역으로 출정을 간다.

다녀오면 하루가 끝나는 느낌...^^

물론 민사의 경우 복대리*를 출석하게 할 때도 있다.

*복대리 다른 변호사를 대신 출석하게 하는 것.

의뢰인 상담도 송무에 관한 매우 중요한 일이다.

두 번째로 자문 업무가 있다.

자문의 경우 계약 형태가 다양하다.

고정 자문료(매달)
=월( )회 질의 가능

비고정 자문료
=질의 사항마다 일정 금액 책정

대체로 외부 업무가 거의 없다.

세 번째로 사내변(인하우스)이 있다.

기업의 직원이 되는 것으로, 기업에 따라 대우가 다르다.

특별히 대우해 주는 건 별로 없는 것 같다.

대체로 워라밸이 좋은 경향이 있다.

그래서 처음부터 사내변을 노리는 사람도 없다.

소속감과 안정감을 느끼고 싶어서 가기도 한다.

법무 법인   **기업**

대체로 소속감과
안정감이 낮다.

= 언제든 그만두고
새로 들어온다.

비교적 소속감과
안정감이 높다.

그리고 기업만이 가지고 있는 각종 복지가 있다!

다만, 사내변은 고민의 양상이 다양한 편이다.

LAW.NET

···다양한 고민의 양상들···

> 3년차 사내변입니다. 일이 너무 없어요.
> 이대로 괜찮을까요?

> ··· 저는 뭔가 회사에서
> 겉도는 느낌이 듭니다···.

> 으아··· 아무래도 줄을 잘못 선 것 같아요.
> 살려주세요.

물론 만족하시는 분들이 훨씬 많다.

12 개업

변호사에게 개업이란

1. 개인 사무실을 차린다.

○○○ 법률 사무소

사업자 등록!

인테리어!

상가 임대!

장점

단점

2. 법률 사무소의 일원이 된다.

장점

3. 법무 법인의 일원이 된다.

장점

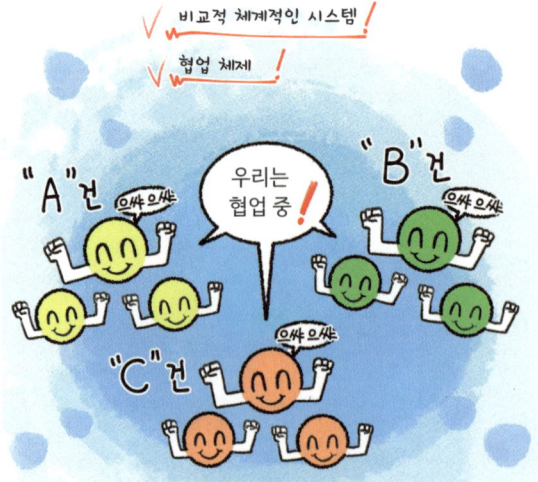

모두 장점이 달라 각자의 선호에 따라 선택한다.

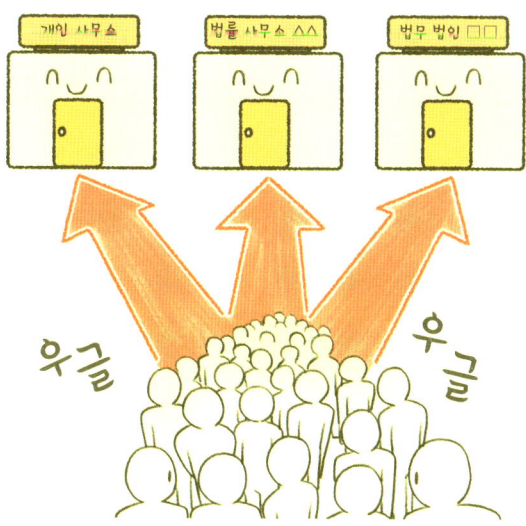

그중에서 나는 법무 법인을 선택했다.

그 이유는?

13 채용

개업 변호사에게 같이 일할 '변호사'를 고용한다는 것은?

⭐ 개업 변호사가 '혼자' 하는
사건 리스트

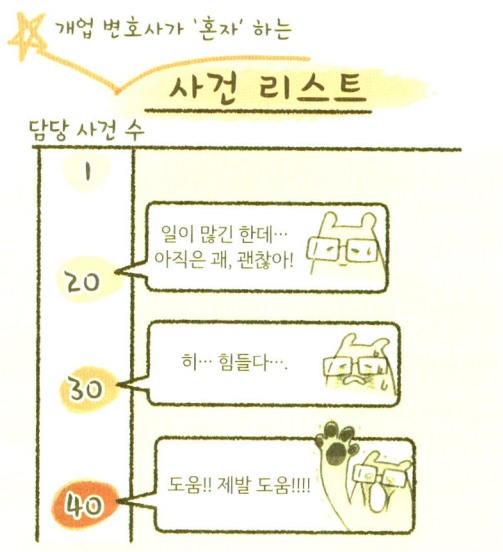

그래도 없으면 공고를 올린다.

신중하게 고민한 끝에

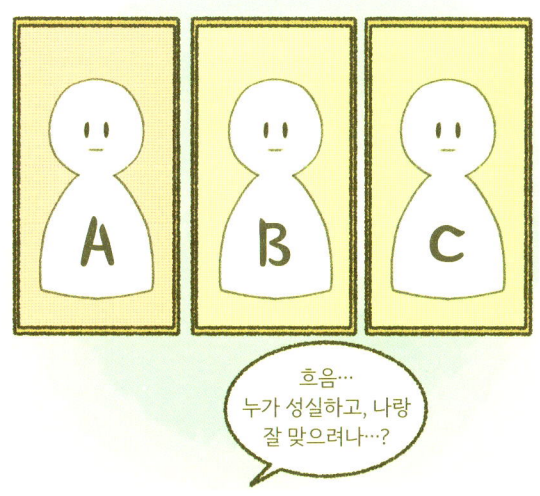

빨리 이런 날이 왔으면 좋겠다.

14 개인 방

간혹 이런 반응을 볼 때가 있다.

* 위 이미지는 과장되었음을 알려드립니다.

변호사에게 개인 방이 필요한 이유는 뭘까?

변호사 '피고미'의 mini room

서면 작성은 굉장히 예민한 작업이다.

그래서 최대한 다른 것에 방해받지 않아야 한다.

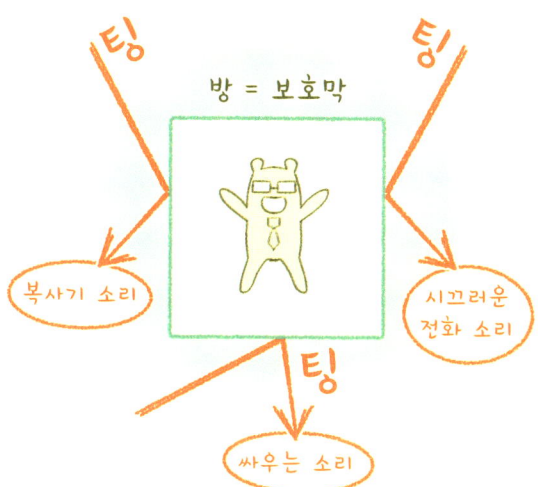

그런 이유로 방이 넓을 필요는 없다.

15 변호인들

가끔 의뢰인으로부터 이런 말을 들을 때가 있다.

가끔 기사로도 올라와 욕을 많이 먹기도 한다.

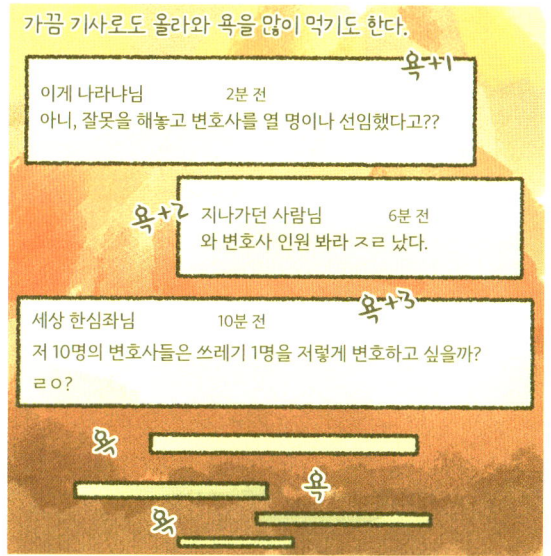

일단 변호사들의 업무 구조에 대해 알아보자.

*송무 변호사들은 보통 법인이나 법률 사무소에서 근무한다.

법무 법인은 구성원 변호사와 소속 변호사로 이루어져 있다.

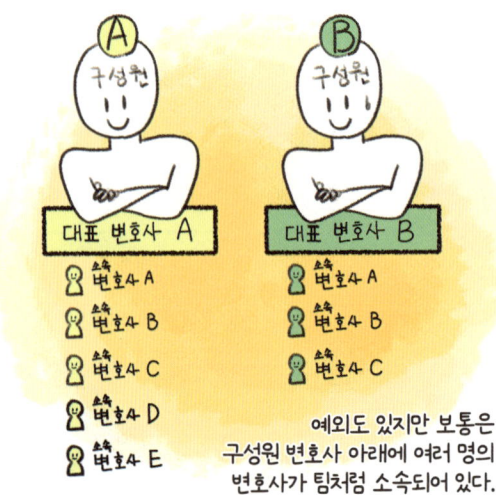

예외도 있지만 보통은 구성원 변호사 아래에 여러 명의 변호사가 팀처럼 소속되어 있다.

법률 사무소는 각 변호사가 함께 있는 형태다.

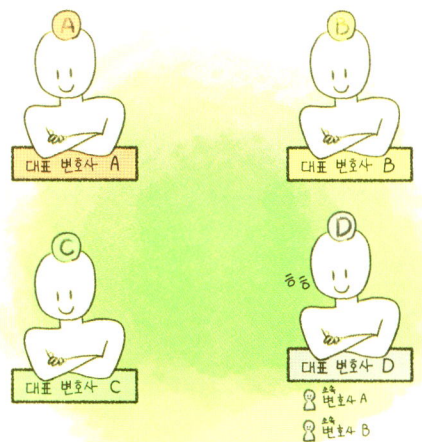

법률 사무소 또한 보통 대표가 있고
역시 팀 같이 변호사를 고용하는 경우도 있다.

대표가 사건을 수임하면 대표 아래에 있는
고용 변호사들은 대체로 선임계에 이름이 올라간다.

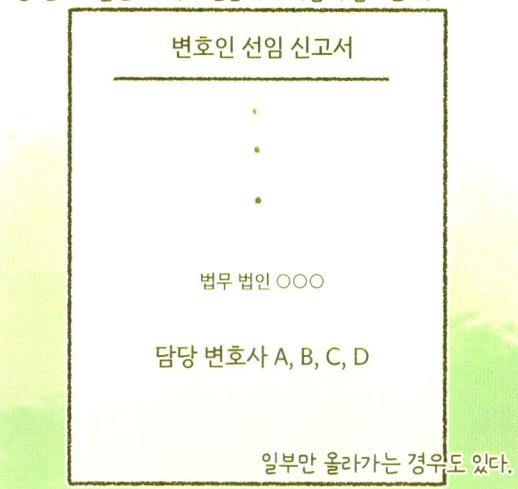

115

그래도 보통은 한 명이 사건을 주로 담당하고 처리한다.

팀 A
변호사 A, 변호사 B, 변호사 C, 변호사 D

내가 담당!

물론 예외일 때도 있다.

그럼에도 불구하고 선임계에 여럿이 이름을 넣어두는 이유는 다양하다.

C 변호사님이 다른 일정이 있으셔서 오후 재판은 B 변호사님께 부탁드릴게요.

…네, 대표님.

…기타 등등

예외적인 경우 1

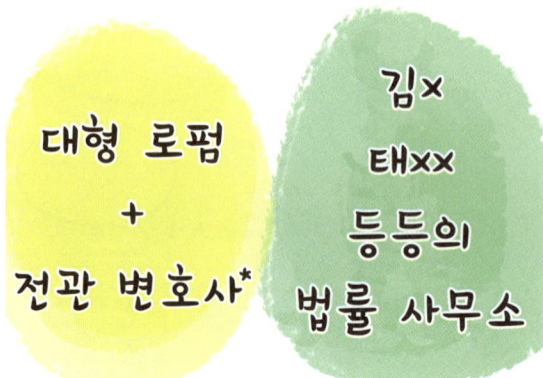

***전관 변호사** 판사 혹은 검사였던 사람이 그만두고 변호사로 일을 할 때를 지칭.

예외적인 경우 2

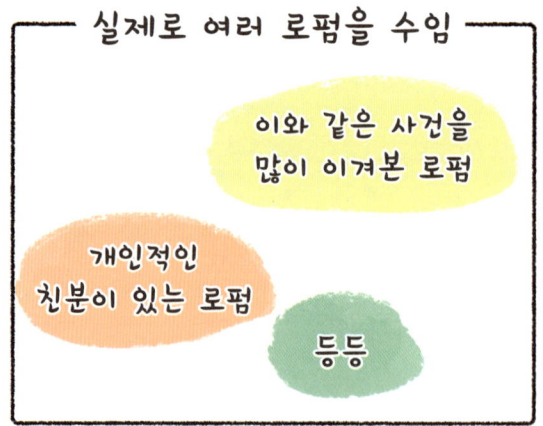

16 무기 선택

때론 수사 입회* 시 무슨 일을 하느냐는 질문을 받을 때가 있다.

*수사입회 피의자가 수사 기관에서 조사를 받을 때에 변호인이 동석하는 일.

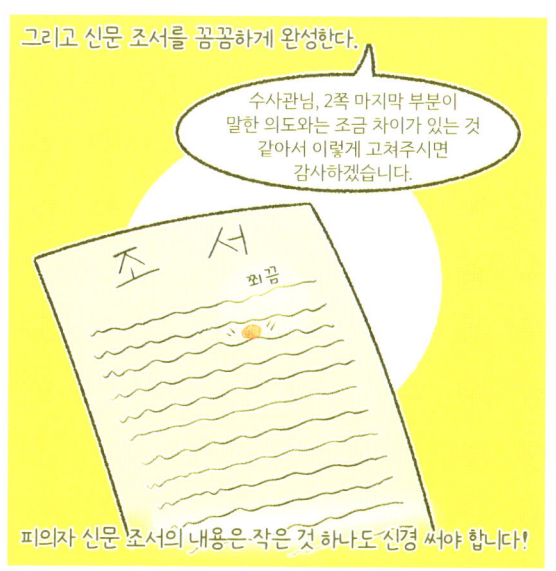

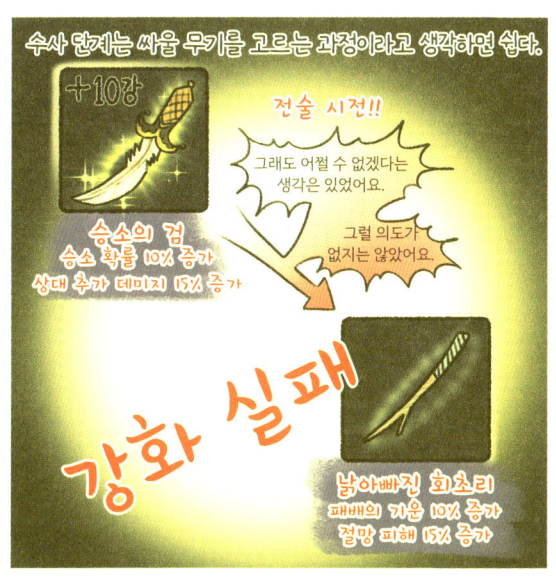

17  변호사의 현타*

***현타** 현실 자각 타임.

상당히 자주 받는 질문이 있다.

만일 부인 사건*인데 부인이 의미 있다면?

*부인 사건 피고인이 혐의를 인정하지 않고 부인하는 사건.

영혼의 파트너가 되어 다투면 되고,

인정 사건*일 때는 양형 주장!

*인정 사건 피고인이 혐의를 인정하는 사건.

인정 사건에도 간혹 이런 주장을 할 때가 있다.

따라서 대체로 의뢰인을 변호한다는 것
자체로 현타가 오지는 않는다.

업무를 하다 보면 필연적으로 다양한 공무원분들과 접하게 된다.

아주 간혹 심할 때도 있다.

물론 너무 심하거나, 간혹 을이 아닌데 을같이 대하면 싸울 때도 있다.

간혹 당혹스러운 질문도 받고

물론 대신 혼나는 일도 자주 있다.

***결심** 변론을 종결하는 것.

18 애로 사항

한때 선배들에게 바쁜지 물어보고 다닐 때가 있었다.

현실의 연차도 기각당했다.

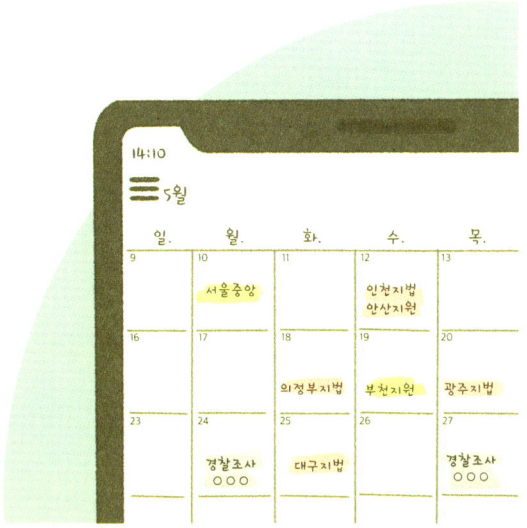

그것 말고도 더 중한 게 있었으니

뭣이 중헌디…
연차보다도 뭣이
중하냐고!!!

19 수임료

이런 질문을 받을 때가 많다.

수임료는 어떻게 결정되는 걸까?

기본적으로는 사건의 난이도에 따라 결정한다.

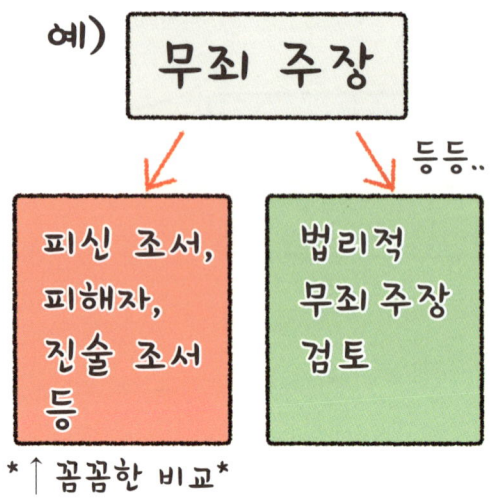

사건 관계자가 많으면 대체로 난이도가 상승한다.

분석할 자료의 양도 영향을 미친다.

사실 관계의 복잡성도 물론 영향을 준다.

형사 사건의 경우, 증인 신문 여부도 고려된다.

때론 사건의 종류도 영향을 미친다.

20 좋은 변호사

2장
찐 변호사의 삶

21 인식의 차이

변호사는 배지가 있다.

대략 이런 모습!

대한변호사협회 홈페이지에서 변호사만 구매 가능하다.

변호사를 보는 타 변호인의 시각 3

22 인연

그래서인지 일이 터지면 어떻게 변호사를 찾아야 할지 막막한 느낌이다.

때론 이런 질문을 받기도 한다.

케이스 3

케이스 4

이런 질문들을 받고 보니 문득 이런 생각이 들었다.

23 알아두면 좋을 민사 용어

원고와 피고

항소와 상고 (feat. 상소)

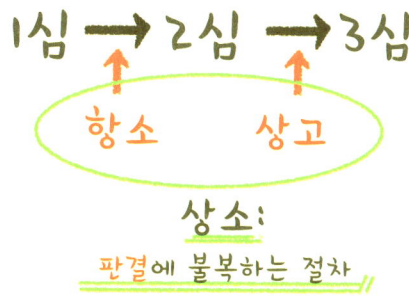

각하와 기각

변론

변론
법정에서 주장하거나 진술함

원칙 : 구두 변론   실무 : 서면 제출

속행과 종결

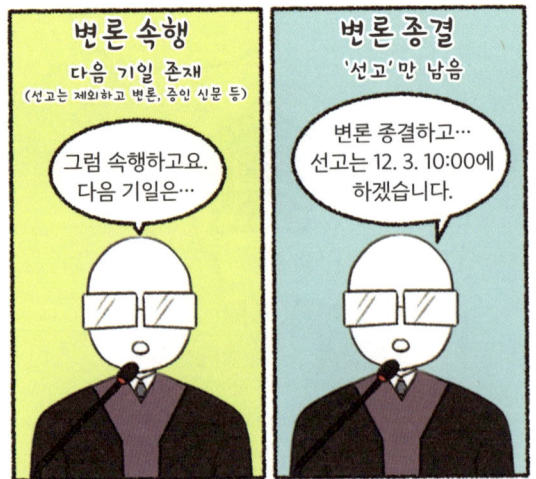

추정과 재개

추정
:기일 추후 지정
즉, 일단 기일 없이 둠.
일시 정지.

재개
:변론 종결 후
변론 다시 진행

승소와 패소

1. 피고는 원고에게 1억 원을 지급하라.
   → 원고 **전부 승소**
2. 피고는 원고에게 10만 원을 지급하라.
   → 원고 **일부 승소**
3. 원고의 청구를 기각한다.
   → 원고 **패소**

소 취하와 상소 취하

소 취하
: 상대방이 응소한 이후에는
 상대방의 동의가 필요

상소 취하
: '상소'만 포기
즉, 이전 판결 그대로 확정
(상대방 동의 불필요)

준비 서면과 참고 서면

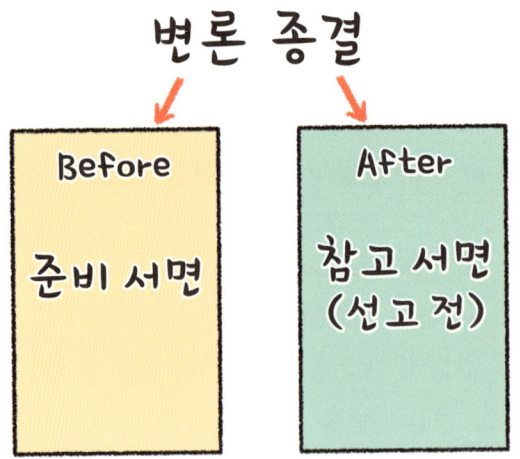

24 알아두면 좋을 형사 용어

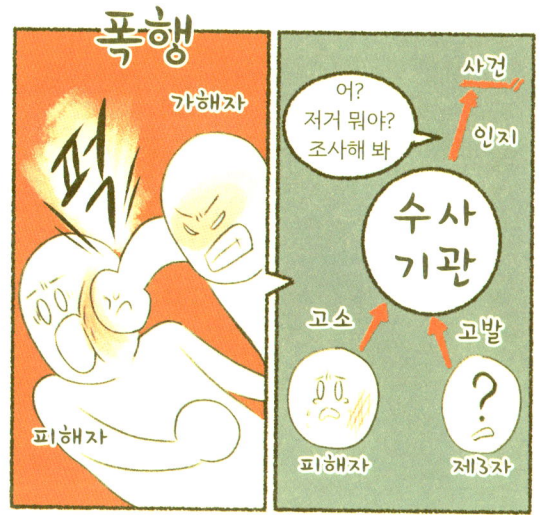

즉, 당사자가 신고하는 경우 '고소', 제삼자가 하는 경우 '고발'이다.

피의자와 피고인

같은 사람이나, 기소 여부에 따라 명칭이 달라진다.

기소의 종류(Feat. 구속)

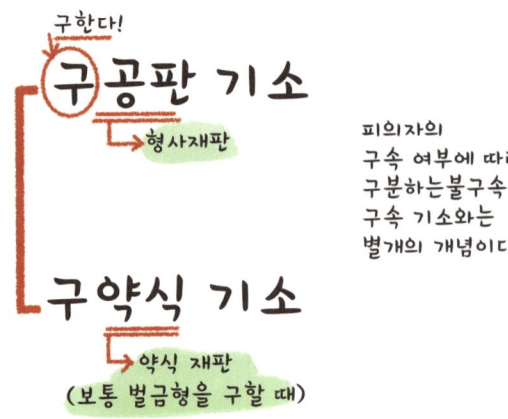

피의자의 구속 여부에 따라 구분하는 불구속 기소와 구속 기소와는 별개의 개념이다.

법원에 심판을 요구하는 것을 '기소'라고 한다.

기소 의견 송치

불송치 : 간단히 '경찰 선에서 종결'이라고 이해하면 쉬워요!

불기소 의견 기소할 사안이 아닌 것 같다.

기소 의견 기소할 사안인 것 같다.

구형

검사, 구형해 주세요.

피고인을 징역 1년에 처해주시기 바랍니다.

검사가 피고인에게 어떤 형벌을 줄 것을 판사에게 요구하는 일이다.

양형

사건의 전체적인 내용을 고려하여 선고할 형의 양을 결정한다.

무죄의 종류

형사소송법 제325조

전단 무죄 ←
→ 피고 사건이 범죄로 되지 아니하거나
　예) 판례 변경으로 죄가 없음, 위법성 조각 사유 등등

범죄 사실의 증명이 없는 때에는

후단 무죄
(실무상 대부분의 무죄)
예) 의심되기는 하나 의심의 여지가 없이 유죄라고 생각하기 어려운 경우

판결로써 무죄를 선고하여야 한다.

공소 사실 및 증거의 인부

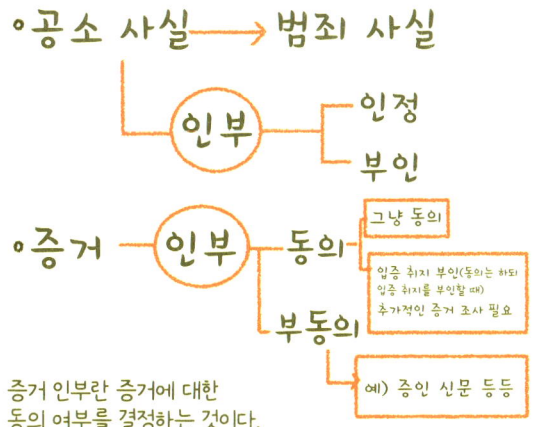

증거 인부란 증거에 대한 동의 여부를 결정하는 것이다.

구치소와 교도소(feat.유치장*)

*유치장 경찰서 내에 있으며, 구치소에 가기 전이나 경범죄일 때 머문다.

25 알아두면 좋을 가사 용어
feat. 상속

재산 분할과 위자료

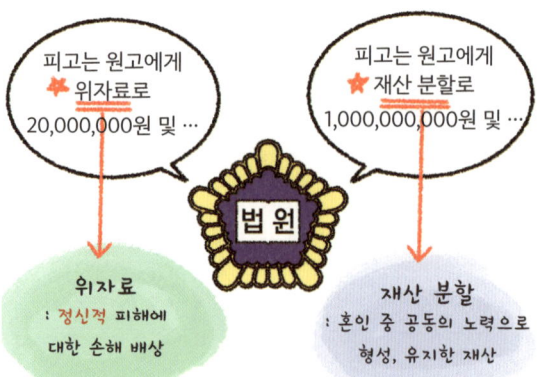

친권과 양육권

친권자와 양육권자가 다를 수 있다.

면접 교섭권

비양육자가 미성년 자녀를 만날 수 있는 권리다.

양육비

미성년 자녀를 양육하지 않는 부 또는 모가 부담한다.

사전 처분

가정 법원 등이 가사 사건 진행 중에 신청 등에 의해 할 수 있다.

가사 조사

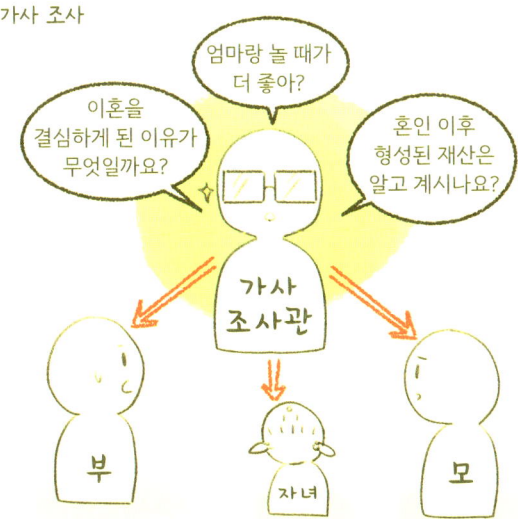

가사 사건의 조사를 담당하는 사람이 다양한 조사를 한다.

(가사는 아니지만) '상속 관련' 유류분*
= 법정 상속분의 1/2

***유류분** 고인의 의사와 관계없이 법으로 보장된 최소한의 유산 비율.

기여분

피상속인(사망자)의 재산 유지, 증가에 특별한 기여를 한 사람이 주장할 수 있다.

대습 상속

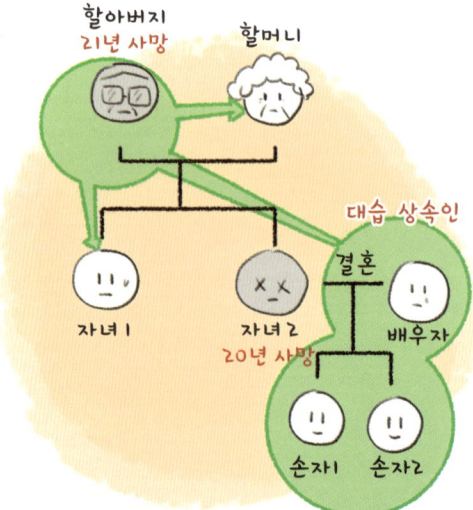

상속인이 될 사람을 대신해 그 사람의 직계 비속이 재산을 상속하는 일을 말한다.

26 같은 편

진실한 건 늘 좋은 것일까?

법정 싸움은 모두 증거에 의해서 이루어진다.

주장에 대한 증거를 제시하지 못하면 누구도 믿어주지 않는다.

그래서 법정에서는 늘 진실이 승리하지는 않는다.

때론 팀킬을 당할 때도 있다.

물론 미리 짐작하고 소송에 임하기도 한다.

27 기록 이야기

변호사는 문서를 많이 본다.

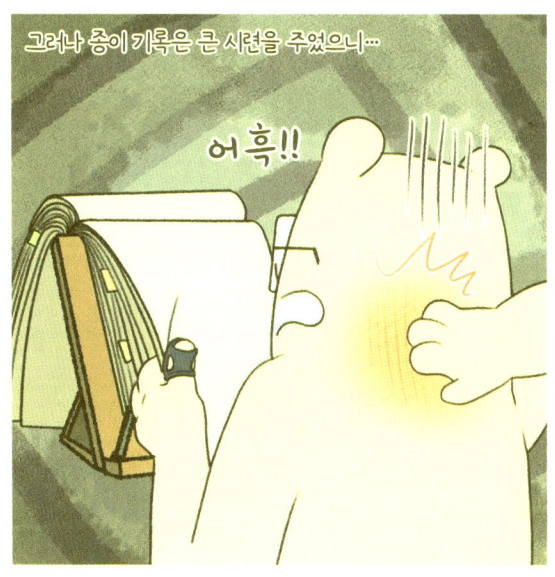

그래서 기록을 모두 파일로 관리하기로 결정했다.

기록을 넣을 태블릿도 구입 완료!

덕분에 재판 때 무거운 기록을 들고 다니지 않아도 되고

28 직업병 ①

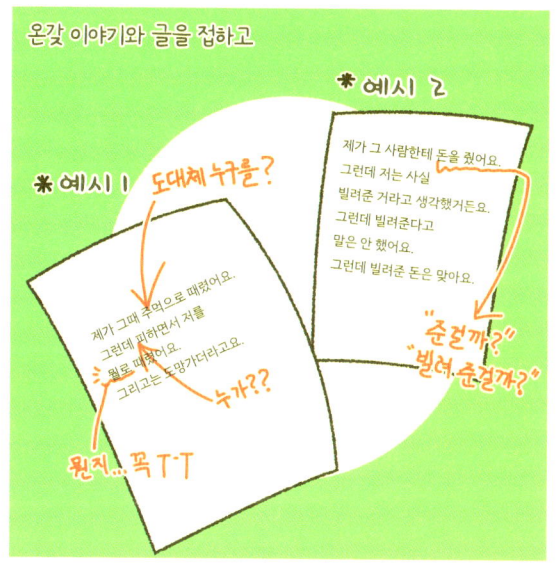

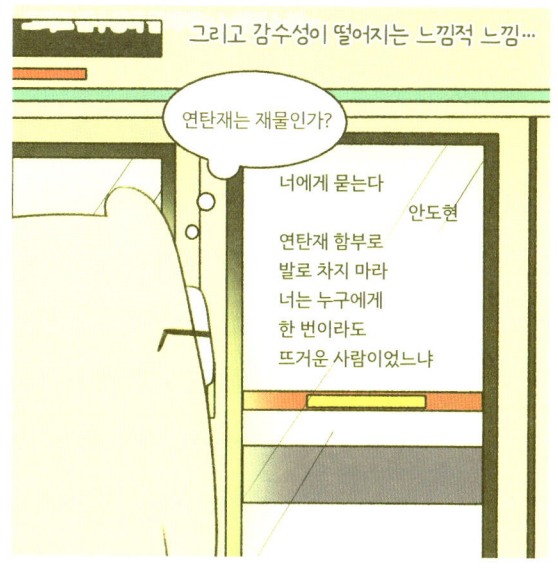

증거에 대해 모두 인정하는 경우 1회 공판 기일에 증거 조사가 종료되고, 부동의하는 증거가 있는 경우 차회 기일에 증인 신문이 이어진다.

이후 검사님의 구형 뒤 변호인의 최후 변론이 이어진다.

이후에는 피고인에게 최후 진술의 기회가 주어진다.

변론이 종결되고 선고 기일이 정해진다.

일부 예외적인 경우를 제외하고 형사 사건의 선고 기일에는 피고인이 반드시 출석해야 한다.

보통은 피고인만 출석하지만, 가끔 함께 출석할 때도 있다.

30 민사 소송

민사 소송은 소장으로 시작된다.

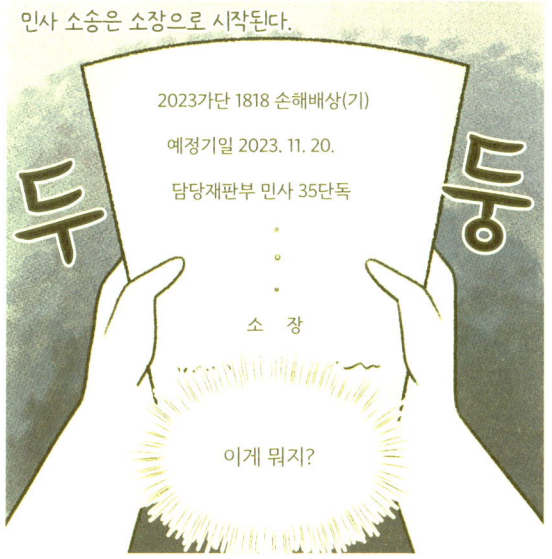

민사는 거의 대부분 전자로 이루어지는 편이다.

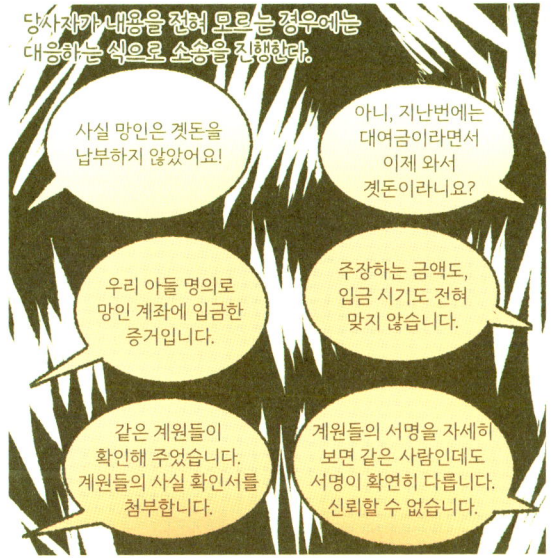

종종 지인으로부터 다급해 보이는 메시지가 올 때가 있다.

상담했던 색깔 → 시술 후 머리 색깔

32 정당방위

재밌는 질문을 받은 적이 있다.

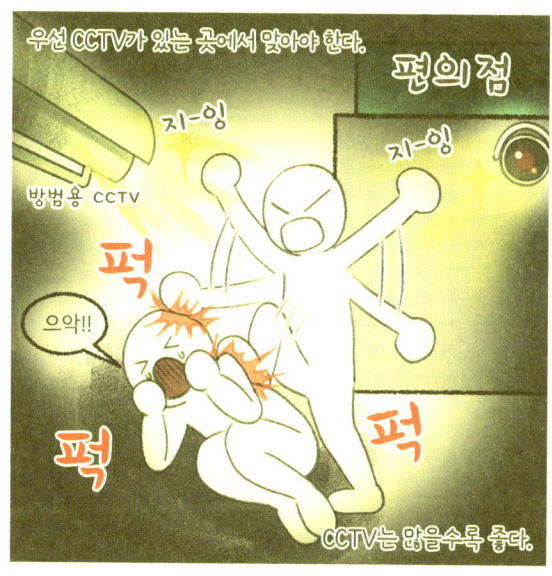

다만 공공 CCTV는 종종 작동하지 않는 경우가 있으니 조심하자.

또, 쌍방으로 몰리지 않게 최대한 '방어만' 해야 한다.

이러고 보니 문득 정당방위가 궁금해진다.

1. 요건
현재의 부당한 침해

행위가 완료된 뒤에는 인정이 안 된다.
예) 폭행 행위가 끝나고 튀는 놈 때리면 안 됨.

2. 침해의 부당성
1) 위법하거나
2) 부당하거나

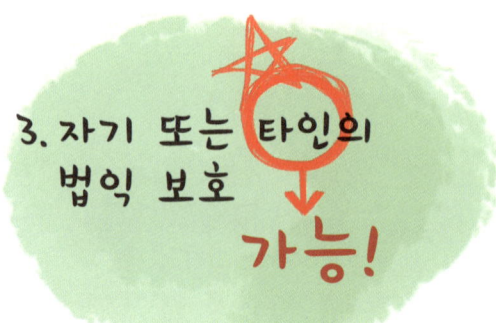

3. 자기 또는 타인의 법익 보호 가능!

4. 상당성
방어에 그치거나 꼭 필요한 최소한의 공격이었는가

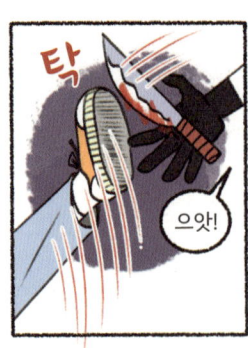

예) 발차기로 가해자의 흉기(칼 등)를 떨어뜨림

예) 가해자 두 명이 피해자 한 명을 제압 후 강제 키스를 할 때 가해자의 혀 깨물기

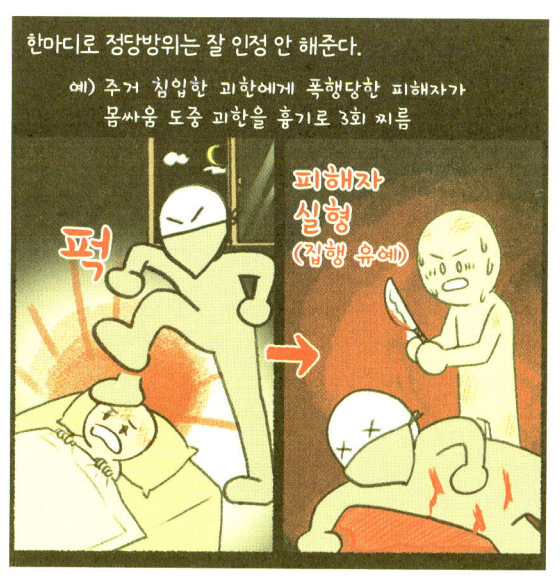

33 직업병 ②

2021년 드라마 〈오징어 게임〉이 전 세계를 강타했다.

피고미도 보기 시작하자 끊을 수가 없어 한 큐에 끝내버렸다.

…무궁화 꽃이 피었습니다…

끄… 끊을 수가 없어!

대박…

그러던 중 또 직업병이 도졌다.

참가 동의서

제1항, 참가자는 임의로 게임을 중단할 수 없다.

제2항, 게임을 거부하는 참가자는 탈락으로 처리한다.

제3항, 참가자의 과반수가 동의할 경우 게임을 중단한다.

앗! 분석 대상!!

우리나라 민법에는 '사적 자치'라는 대원칙이 있다.

이기는 사람 10만원! 뺨으로 대신 가능.

코… 콜!

한마디로 계약은 너희 맘대로 하되 대신 책임은 져야 한다는 뜻.

34  변호사의 사임

요새 흉흉한 일이 많다.

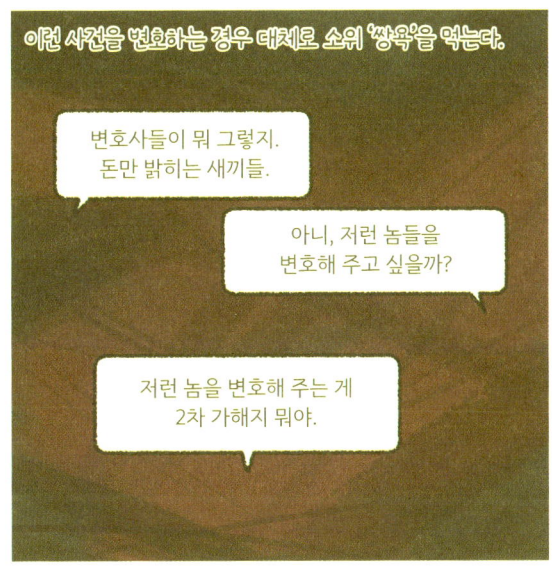

추가적으로 실질적인 피해를 입기도 한다.

변호사 윤리장전에는 아래와 같은 규정이 있다.

제19조(수임거절 등)
① 변호사는 의뢰인이나 사건의 내용이 사회일반으로부터 비난을 받는다는 이유만으로 수임을 거절하여서는 아니된다.

변호사 윤리장전은 법은 아니지만 징계의 근거가 될 수 있음에도

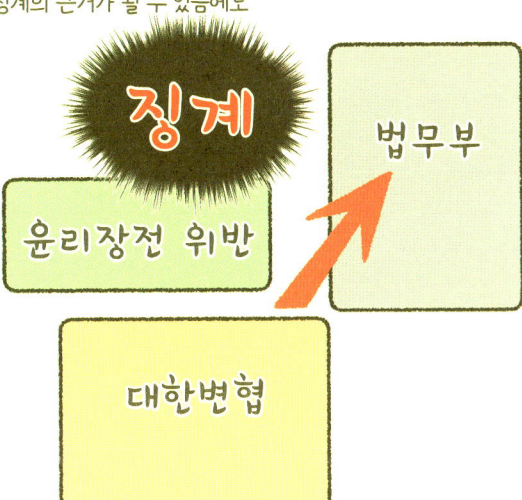

실질적으로 여론 때문에 사임하는 경우도 종종 발생한다.

물론 실제로는 다른 이유도 끼어있기 마련이라 징계까지 가는 경우는 상당히 드물다.

그런데 보통 사회적 비난을 받는 사건들은 필요적 변호 사건*이다.

> 형사소송법 제33조 제1항
> 다음 각 호의 어느 하나에 해당하는 경우에 변호인이 없는 때에는
> 법원은 직권으로 변호인을 선정하여야 한다.

> 형사소송법 제33조 제1항 제6호
> 피고인이 사형, 무기 또는 단기 3년 이상의 징역이나 금고에 해당하는 사건으로 기소된 때

따라서 사선 변호사가 없으면 반드시 국선 변호사가 선임되어야 한다.

*필요적 변호 사건 변호인 없이는 재판을 할 수 없는 사건.

국선 변호사는 무작위로 또는 피고인의 선택으로 배정되는데

국선 변호사의 사임은 법원의 허가를 얻어야 하기에

간혹 사임 신청에 법원의
눈치를 보기도 하는 경우가 있는 걸 보면

그냥 하고 싶은 사람이 하게 두는 게 괜찮을지도?

35  노여운 판결

형사 판결이 나오는 구조에 대해 간략히 알아보자.

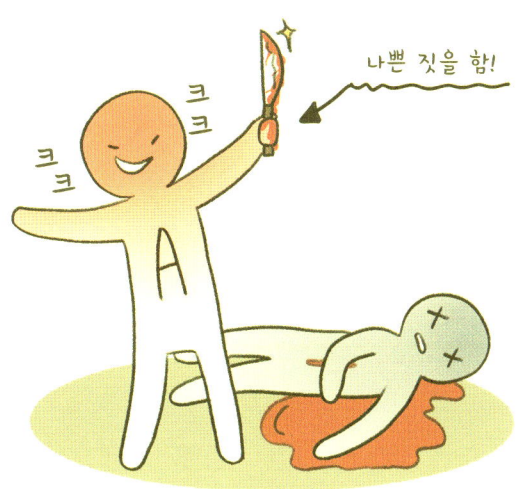

양형 기준*을 참조하여

		감경	기본	가중
1	참작동기살인	3~5년	4~6년	5~8년
2	보통동기살인	7~12년	10~16년	15년 이상~ 무기징역

	감경요소	가중요소
특별	피해자 유발(강함) 자수 ⋮	잔혹한 범행 수법 계획 살인 ⋮
일반	소극 가담 진지한 반성 ⋮	사체 유기 ⋮

*양형 기준은 양형위원회 홈페이지에서 누구나 볼 수 있다.

부디 노여움을 거두어주시길…

36 전과

전과에 대한 질문을 상당히 많이 받는다.

우선 법률상 정의를 찾아보자.

> **형의 실효 등에 관한 법률**(약칭: 형실효법)
>
> [시행 2021. 3. 16] [법률 제17937호, 2021. 3. 16., 일부개정]
>
> **제2조 제7호**
>
> 7. "전과 기록"이란 ①수형인 명부, ②수형인 명표 및 ③범죄 경력 자료를 말한다.

수형인 명부와 수형인 명표에 대해 살펴보자.

```
┌─────────────────────────────────────┐
│         1. 수형인 명부               │
│                                     │
│  - 검찰에서 관리                    │
│  - 일정 기간이 지나면 삭제          │
│  - 자격 정지 이상의 형을 선고한 재판 확정 시 │
└─────────────────────────────────────┘
```

```
┌─────────────────────────────────────┐
│         2. 수형인 명표               │
│                                     │
│  - 수형인의 등록 기준지의 동사무소에서 관리 │
│  - 검찰이 작성하여 송부             │
│  - 자격 정지 이상의 형              │
└─────────────────────────────────────┘
```

그렇다면 여기서 '자격 정지'가 또 무엇인지 궁금해진다.

'형'의 종류

── 수형인 명부, 수형인 명표 ──

1. 사형
2. 징역 ┐
3. 금고 ┘ '노역'을 하느냐 안 하느냐의 차이
4. 자격 상실 ┐
5. 자격 정지 ┘ 예) 공무원이 될 공법상 업무에 관한 자격
6. 벌금
7. 구류   1일~29일 / 교도소나 유치장으로
8. 과료
9. 몰수

형의 종류 중 다섯 번째로 강력한 처벌인 것을 알 수 있다.

다음으로 '범죄 경력 자료'를 알아보자.

형의 실효 등에 관한 법률(약칭: 형실효법)

[시행 2021. 3. 16] [법률 제17937호, 2021. 3. 16., 일부개정]

제2조 제5호

5. "범죄 경력 자료"란 수사 자료표 중 다음 각 목에 해당하는 사항에 관한 자료를 말한다.
   - 가. 벌금 이상의 형의 선고, 면제 및 선고 유예
   - 나. 보호 감호, 치료 감호, 보호 관찰
   - 다. 선고 유예의 실효
   - 라. 집행 유예의 취소
   - 마. 벌금 이상의 형과 함께 부과된 몰수, 추징(追懲), 사회 봉사 명령, 수강 명령(受講命令) 등의 선고 또는 처분

→ 법률에 삭제 규정이 없다.

"전과 기록 남음"

> 한마디로 벌금형 이상이라면 전과 기록이 남게 됩니다.

그렇다면 기소 유예는?

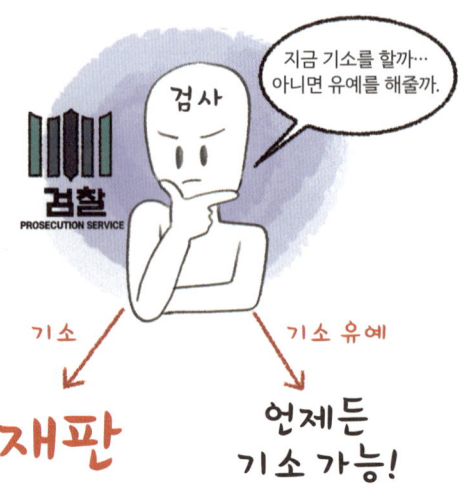

기소 유예는 재판이 이루어진 것이 아니므로

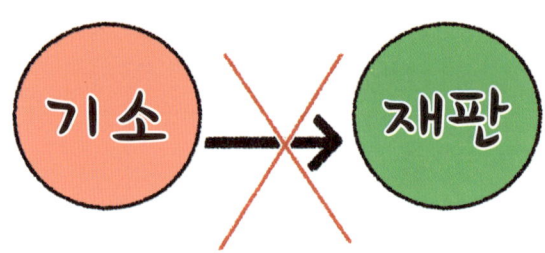

전과라고 할 수 없다.

기소유예
=
전과 ✗

다만 수사 경력 자료에는 남게 된다(일정 기간 이후 삭제).
단, 일정 범죄는 무죄를 받더라도 수사 경력 자료에는 기록된다.

초기 대응의 중요성은 아무리 강조해도 지나치지 않다.

37 변호사들의 대화

변호사들이 모이면 무슨 대화를 할까?

만나면 어김없이 나오는 로스쿨 이야기

에피소드 1. 로스쿨 동기들 근황 토크

에피소드 2.
공부할 때 이야기 (절망 편)

에피소드 3. 처우 이야기

간혹 강제 정적…

중간에 한두 명 비는 것은 매우 일상적이다.

에피소드 4. 유명한 사건 토론

에피소드 5. 각종 한탄

에피소드 6. 희망찬(?) 미래 이야기

그리 깊고 진중한 대화는 없는 것 같다.

38 사건 번호

모든 사건에는 번호가 부여된다.

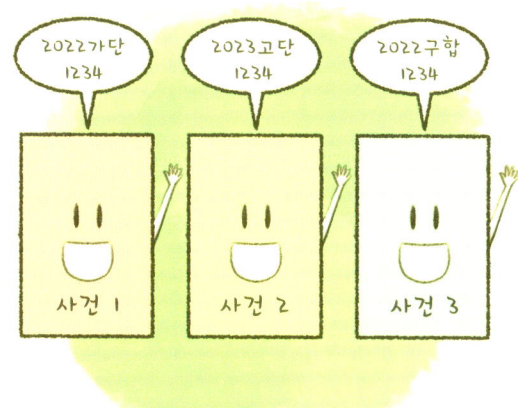

기본 구조는 아래와 같다.

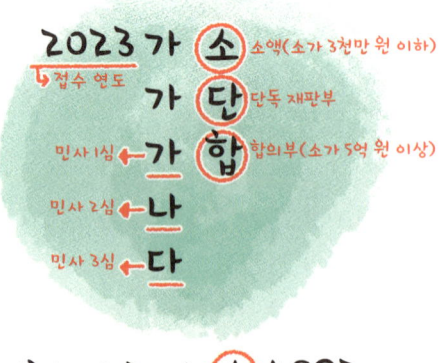

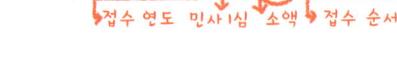

가사 사건은 조금 희한하게 드르므!

형사 사건은 검찰 단계부터 알아보자.

검찰 단계에서는 '형제' 번호가 부여된다.

예상과 다르게 불러 당황했던 기억이 있다.

형사 재판에서의 사건 번호는 아래와 같다.

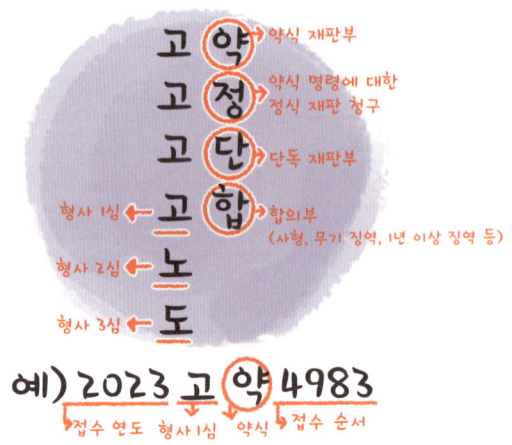

물론 이외에도 엄청나게 많은 번호가 있다.

법원과 사건 번호, 이름을 알면
누구든 사건 진행 상황을 조회할 수 있다.

대법원 '나의 사건 검색'

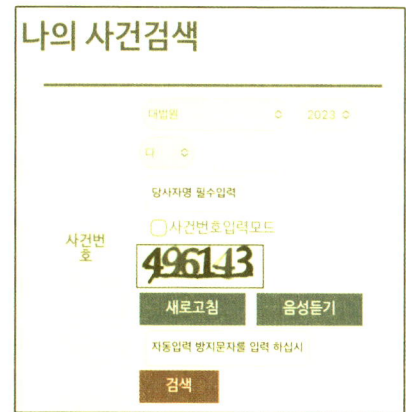

당사자 이름은 연속된 두 글자만 있으면 조회 가능!

39 불출석

물론 그 와중에 출정*은 늘 주의 깊게 챙긴다.

*출정 재판에 출석.

당일에도 혹시 몰라 한 번씩 더 확인한다.

그리고 대부분의 사무실은 일정 기간을 두고 전체 사건을 한번씩 검토한다.

검토할 때는 기일, 주요 쟁점, 공격이나 방어 방법 등을 논의한다.

그렇기에 사건을 통째로 기억에서 잊는다는 것은 매우 드문 일이다.

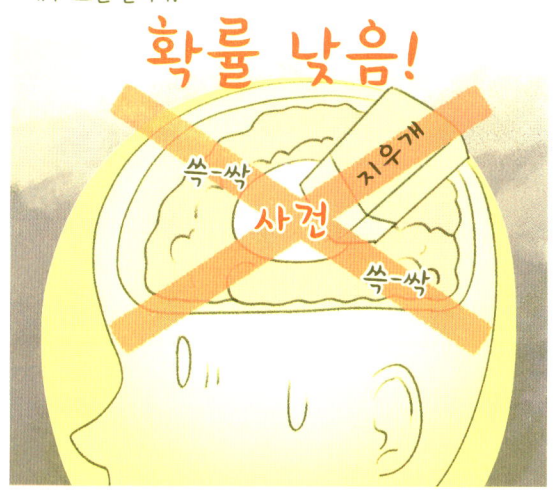

물론 사람이기에 한 번은 그럴 수 있다고 해도

1회 불출석은 소송에 어떠한 영향도 없다.

40 변호사의 큰 행복

그래도 변호사를 하면서 크고 작은 행복을 느낀다.

큰 행복 ①

많은 사람들이 이런 말을 한다.

하지만 우린 알고 있다.

적지 않은 사람들이 억울한 일을 당한다는 것을….

하지 않은 일로 억울하게 고소당하기

부풀려진 사실로 잘못 처벌되기

모함당하기

큰 행복 ②

민사에서도 생각보다 억울한 일이 많다.

사실이지만 입증할 증거가 부족한 경우 ①

사실이지만 입증할 증거가 부족한 경우 ②

이런 억울한 상황일 때는 상세한 설명이 필요하다.

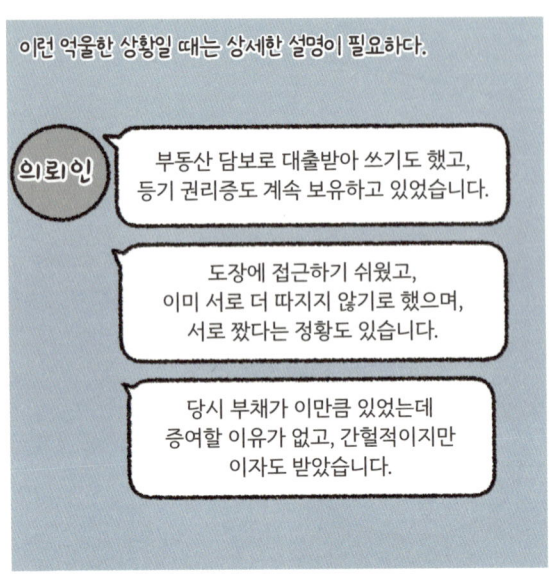

의뢰인: 부동산 담보로 대출받아 쓰기도 했고, 등기 권리증도 계속 보유하고 있었습니다.

도장에 접근하기 쉬웠고, 이미 서로 더 따지지 않기로 했으며, 서로 짰다는 정황도 있습니다.

당시 부채가 이만큼 있었는데 증여할 이유가 없고, 간헐적이지만 이자도 받았습니다.

억울함이 판결로 풀리고, 또 그 판결에 내가 주장한 내용이 그대로 담길 때!

판결문

내가 쓴 문장 그. 대. 로!!

내가 쓴 문장들이 거의 그대로 들어있네? 좋다! 좋아!!

YES!!

매우 큰 행복감을 느낀다.

큰 행복 ③

상담 때는 모든 가능성을 말씀드리는 편이다.

간혹 이렇게 생각하시는 분들도 계시긴 하지만

실제로 똑같은 사건은 단 하나도 없기에

100명의 의뢰인이 있으면
= 100가지 이상의 다른 사건!!
(상대방도 다르니…!)

결과를 100% 예단하는 것은 불가능하다.

상담의 내용과는 관계없이 소송에 들어가면 미친 듯이 싸우지만

그럴 땐 피고미도 화가 나거나 시무룩해지지만

그래도 열심히 싸워준 것을 인정해 주실 때

그래도 변호사 일이 할 만하다고 느껴진다.

[부록 Q&A]

1. 변호사의 연봉은 어느 정도인가요?

지역마다 다르지만 서울의 경우 최근 송무 업무를 하는 초임 변호사의 연봉은 대략 세전 7천만 원 내외로 형성되어 있는 것 같습니다(일반적으로 서울이 아닌 지방이 조금 더 연봉이 높습니다). 이후 상승은 월급을 기준으로 1년에 세전 100만 원 내외인 것으로 보입니다.

2. 변호사가 되려면 어떻게 해야 하나요?

현재의 제도 하에선 반드시 로스쿨을 졸업한 뒤 변호사 시험에 합격해야 합니다. 로스쿨은 전문대학원으로, 대학교 학사를 마친 뒤에 입학이 가능합니다. 로스쿨 입학 시 평가 요소로는 일반적으로 대학교 학점, 영어(토익 등) 점수, 법학 적성 시험(LEET) 점수의 정량적 요소와 타 전문시험 합격 내역, 법학 관련 대회 입상 등의 정성적인 요소가 있습니다. 로스쿨에 입학한 뒤에는 3년의 과정을 잘 마치고 각 학교에서 정한 졸업시험을 통과하면 변호사 시험을 볼 수 있는 자격을 얻게 되고, 이후 로스쿨 석사 학위를 취득한 달의 말일부터 5년 동안 5번의 기회 안에 변호사 시험에 합격해야 변호사가 될 수 있어요.

법과 관련된 일을 어떻게 정의하느냐에 따라 굉장히 광범위해질 수 있을 것 같아 재판에 관여하는 직종으로 한정하겠습니다. 재판에 직접 관여하는 직종으로는 변호사 이외에 판사와 검사가 있고(물론 퇴직 후 변호사로서 일을 하게 되겠지만요), 재판에 간접적으로 관여하는 직종으로는 주로 각종 신청 등을 처리하나 소송 대리권이 없는 법무사(간단한 준비 서면 등을 작성하여 당사자로 하여금 직접 내도록 할 수 있습니다)가 있습니다.

우선 현실적으로 로스쿨에 비교적 수월하게 입학하기 위해서는 좋은 대학에 입학해야 합니다. 이후 로스쿨을 거쳐 변호사 시험까지 계속하여 공부를 해야 하고, 변호사 시험에 합격한 뒤에도 일정 수준의 공부가 필요합니다. 결국 필연적으로 공부와 마주할 수 밖에 없는 직업이기에 공부를 통해 어느 정도 성취를 이루지 못하는 아이가 변호사의 꿈을 갖는 것은 희망고문이 될 수 있습니다. 위와 같은 점들을 충분히 이해시키고, 어릴 때부터 책을 읽는 습관을 가질 수 있도록 지도하며, 공부를 통한 작은 성취에도 많은 칭찬을 해주어 공부에 흥미를 가질 수 있도록 하는 것이 좋을 것 같아요.

아무래도 변호사 일의 특성상 일이 몰리는 시기가 반드시 존재하기에 때로는 일로만 가득 찬 몇 주를 보내기도 합니다. 그럴 때에는 거의 일에 매몰되어 지내기도 하지만, 특별한 일정이 없을 때에는 평일이라도 여행을 가거나 교외로 나들이를 다녀오는 등(물론 언제나 급한 일을 처리할 준비 태세를 갖춥니다) 최대한 일과 삶의 균형을 잘 잡기 위해 노력하고 있어요.

6. 직업 만족도는 어느 정도인가요?

일을 하는 형태, 업무의 내용, 경제적인 소득 등 전체적으로 만족하고 있기에 10점 만점에 9점 정도 주고 싶습니다. 쉴 때 사건 생각이 나지 않는다면 10점을 주고 싶네요.

7. 변호사가 되길 잘했다고 생각하는 순간은 언제인가요?

진부할 수 있겠지만 사건의 결과가 좋아 의뢰인이 행복해하는 모습을 볼 때 변호사가 되길 잘했다고 생각합니다. 물론 월급을 보면서 그런 생각을 할 때도 상당히 많습니다.

8.다른 직업을 꿈꿔본 적도 있나요?

'꿈꿔보다'의 정의가 '그 직업을 간절히 가지고 싶다'라면 없었던 것 같아요. 다른 직업을 갖기 위해 노력했던 시기도 있었지만 그 직업이 갖고 싶어서 노력했다기보다는 단순히 다른 직업보다 나은 경제적인 풍요만을 보고 노력했었던 것 같습니다.

9. 변호사를 찾아오는 고객들에게 하고 싶은 말이 있나요?

변호사를 찾아오시는 분들은 분쟁 가운데 있습니다. 그 분쟁은 결국 당사자끼리 해결이 되지 않아 법원의 판단을 받아야 하는 분쟁이겠지요. 하지만 법원은 당사자가 누군지, 당사자가 어떤 점 때문에 분쟁이 있는지 전혀 알지 못합니다. 그렇기에 법원에 당사자의 주장을 잘 전달해 주어야 합니다. 결국 변호사의 일은 당사자의 이야기를 듣고 유의미한 부분을 추려낸 뒤, 당사자에게 그와 관련된 각종 증거를 받아 입증 내용을 정리하여, 법적으로 의미 있는 주장을 법원에 전달하는 일입니다. 당사자의 주장을 제대로 전달하지 못한다면 변호사를 선임하는 것이 아무런 의미가 없지요.

변호사를 찾으려면 생각보다 많은 과정을 거칩니다. 주변 사람에게 수소문을 해보고, 인터넷 검색을 해보기도 하고, 그러다가 무작정 법원 앞에 있는 사무실로 들어가기도 하죠. 그와 같은 과정에서 변호사의 학력 및 경력, 전관(검사, 판사 출신), 사무실의 규모 등의 다양한 요소를 고려하게 됩니다. 그러나 위에서 말씀드린 변호사의 일의 특성을 고려하였을 때 가장 중요한 요소는 나의 사건을 수행할 변호사와 직접 마주할 수 있는지, 그 변호사가 나의 사건과 관련된 이야기를 적절한 수준으로 들어주는지, 그리고 나의 사건에 대하여 유리한 점과 그렇지 않은 점 등을 어느 정도 잘 설명해 주는지 등 소통과 관련된 부분이라는 점을 기억하셨으면 좋겠습니다.

아무쪼록 마주한 분쟁에서 최선의 결과를 얻어내시길 기원합니다.

에필로그

안녕하세요. 변호사 피고미입니다. 변호사는 목차를 잡아야 글을 쓰니, 목차를 잡아보도록 하겠습니다.

1. 피고미의 시작과 허황된 염원

변호사는 늘 분쟁의 한 가운데에 있는 직업입니다. 언제나 양쪽의 치열한 공방을 마주해야 하고, 때론 하소연을 듣기도 합니다. 이런 상황을 자주 겪다 보면 정신적으로 고갈이 되곤 합니다. 물론 미친(?) 야근에 시달리는 경우가 많기에 육체적으로도 고갈될 때가 많습니다. 그렇게 정신적, 육체적으로 탈탈 털리던 가운데, 문득 뭔가 재밌는 것이 있었으면 좋겠다는 생각을 했어요. 그렇게 탄생한 것이 《만화로 보는 변호사의 세계》(이하 '피고미'라 하겠습니다-변호사는 같은 단어가 반복되면 늘 이렇게 정리하곤 합니다)입니다. 물론 이 만화는 노동 소득에 지쳐

자본 소득을 가지고 싶었던 저의 강렬하지만 허황된 염원을 담고 있기도 합니다.

2. 피고미를 그리며 겪었던 고난(?)

피고미 작업은 생각보다 쉽지 않았습니다. 정해진 틀이 있는 것도 아니고, 단지 '변호사의 일상' 이외에는 어떠한 주제도 생각해 보지 않았기에, 어느 순간 다소니 작가님께 스토리를 보내야 하는 매주 목요일이 두려워지기도 하더군요. 마감의 압박은 매주 있는데, 늘 새로운 스토리를 생각해 내야 하니, 이것이 말로만 듣던 창작의 고통인가! 그래서 주변 동기들과 친구들을 들들 볶기도 했죠. 물론 지금도 들들 볶고 있습니다.

3. 피고미에서 얻는 희열

어떤 사람이 이 만화를 볼까 궁금했어요. 사실 이 만화는 법조인이 아닌 사람들에게 변호사의 일상을 보여주는 것이라 생각했었는데, 제 생각과는 다르게 로스쿨 준비생, 로스쿨생, 법조계에 계시는 분들이 많이 보고 계셔서 놀랐습니다. 같은 업계에 계시는 분들도 저와 똑같은 고민과 고통(?)을 느끼고 있다는 사실을 간과했던 거죠. 기회가 되면 영역을 넓혀 법조계에서 일하시지만 변호사가 아

닌 분들의 일상도 다뤄보고 싶은 욕심이 생깁니다. 제보 기다릴게요. 피고미는 언제나 열려있습니다.

또 댓글로 힘을 주시는 분들도 기억에 많이 남아요. 법조계에 계시는 분들은 격하게 공감해 주시기도 하고, 또 법조인이 아닌 분들은 새로운 것들을 알고 간다며 고마움의 댓글을 남겨주시기도 하고요. 어떤 분께서 지금 피고미의 팔로워는 사실 부족하다며 3천 명이 넘어야 한다(?)는 취지의 댓글을 남겨주셨었는데, 이왕이면 30만 명(!) 정도로 염원해 주시면 더욱 감사드리겠습니다. 오늘도 자본소득을 위한 허황된 꿈은 계속됩니다.

4. 저에게 변호사란

저는 다행스럽게도 변호사라는 직업이, 그 중에서도 송무(이 책을 보신 독자분이라면 이 정도 용어는 알고 계시죠?)가 어느 정도 적성에 맞는 것 같아요. 사람들의 아픈 이야기를 법률 용어와 잘 정리된 글로 주장하거나, 때론 의뢰인의 바람을 담아 과장스럽게 주장을 하기도 하는 일련의 과정들이 그래도 할 만하다고 느끼거든요. 물론 개업 변호사의 특성상 언제나 모든 책임을 져야 하는 상황이기에, 늘 벼랑 끝에서 폴짝폴짝 뛰어다니는 느낌이 들기도 합니다. 그래도 전 변호사라는 직업을 사랑합니다.

10년 뒤에도 이럴지 저도 궁금하네요.

5. 고맙습니다

현실의 변호사는 여러분의 생각보다 멋있지도, 화려하지도 않습니다. 또 예전만큼 경제적으로 풍요롭지 못한 직업일지도 몰라요. 때론 전화만 받다가 하루가 끝날 때도 있고, 어떤 날은 책상 앞에 한 번 앉지도 못하고 이곳저곳을 다니다 하루가 끝날 때도 있어요. 그럼에도 의뢰인에게 변호사는 나 하나라는 사실을 잊지 않고, 때론 비정상을 정상으로 돌려놓는 행복감과 벼랑 끝에 있는 누군가의 동아줄이 되어주는 뿌듯함을 느끼면서 좋은 변호사가 되고자 합니다. 저의 첫 책 많이 사랑해 주세요!

2023년 겨울

피고미 드림

다소니 드림